LES

VIGNES FOLLES

Paris. — Imp. de Ch. JOUAUST,
rue S.-Honoré, 338.

ALBERT GLATIGNY

LES

VIGNES FOLLES

POESIES

AVEC UN FRONTISPICE DE CHARLES VOILLEMOT

Gravé à l'eau-forte par Bracquemond

PARIS

LIBRAIRIE NOUVELLE

BOULEVARD DES ITALIENS, 15

A. Bourdilliat et Cie, Éditeurs

1860

A mon cher et bien-aimé maître

THÉODORE DE BANVILLE

Ce livre est dédié.

A. G.

TABLE

LES VIGNES FOLLES

Vignes folles, grimpez autour du monument.
Vous n'irez pas bien haut, car, en courbant la tête,
Un enfant passerait sous le porche aisément.

Pauvre édifice nain qu'ignore la tempête!
L'homme doit abaisser sa prunelle bien bas
Afin de l'embrasser du sol jusques au faîte.

Pourtant, Vignes, prenez à l'entour vos ébats,
Montez, enlacez-vous aux colonnes fragiles
Qui portent le fronton illustré de combats.

Pour marbres de Paros je n'ai que des argiles
Que ne veut même pas employer le potier,
Mais j'ai longtemps dessus passé mes doigts agiles.

J'ai planté sur le seuil un vivace églantier
Qui jette à tous les vents ses roses odorantes
Et que l'on aperçoit au détour du sentier.

Quelques jasmins aussi, de rouges amarantes,
Vignes, se marîront à vos belles couleurs,
Que le soleil de Juin fera plus apparentes !

Une fraîche Naïade arrose de ses pleurs
Vos tiges vers le ciel lestement élancées
Et mire dans les eaux ses charmantes pâleurs.

C'est l'asile discret d'où sortent mes pensées,
En odes, en chansons dont l'art impérieux
A pris soin d'assouplir les phrases cadencées.

Là, dans un demi-jour faible et mystérieux,
Elles ont essayé la force de leurs ailes,
Avant de prendre enfin leur vol victorieux.

Pareilles maintenant aux vertes demoiselles
Qui rasent la surface inquiète des flots,
Elles vont au hasard vivre loin de chez elles.

O choses de mon cœur! ô rires et sanglots!
Où vous entraîneront les brises incertaines?
Vers quelles oasis ou sur quels noirs ilots ?

Les voilà, les voilà qui partent par centaines.
Protége-les, Printemps, dieu des bois reverdis,
Qui te plais aux chansons sonores des fontaines !

Les voilà qui s'en vont, aventuriers hardis,
Hélas ! combien d'entre eux sont voués à l'orage !
Combien s'arrêteront au seuil du Paradis ?

Pourtant rien ne saura vaincre leur fier courage,
Car toujours devant eux, toujours défileront
Les merveilles sans fin d'un lumineux mirage.

Mais, puisqu'ils sont déjà bien loin, Muse au beau front,

Impassible figure aux ondoyantes lignes,

Déesse devant qui mes genoux fléchiront,

Rentrons sous notre toit couvert de folles vignes !

AURORA

Je t'aime et je t'adore, ô corps harmonieux
Où vivent les contours des antiques statues,
Marbre fort et serein, colosse glorieux
Aux jambes de blancheur et de grâce vêtues :

Car ton front rayonnant, de cheveux embrasés
Se couvre, comme un mont couronné par l'aurore ;
Sur tes seins, aux lueurs du soleil exposés,
Ma lèvre retentit avec un bruit sonore.

Pour ton nez droit et pur et tes regards emplis
De calme, pour ta bouche aux haleines de myrrhe,
Pour tes bras aux combats nocturnes assouplis,
Enfin pour ta beauté, je t'aime et je t'admire ;

Pour ta seule beauté, je ne veux rien de plus !
Contemplateur ravi, je m'assieds devant elle ;
En elle j'ai fixé mes vœux irrésolus,
Et je puise à te voir une ivresse immortelle !

Que m'importe la fleur de la virginité ?
Que me fait le buisson où ta blanche tunique
Resta, piteux lambeau, sali, déchiqueté,
Epouvantail tordu par le vent ironique ?

O vase merveilleux, coupe où le ciseleur
A fondu, réunis aux riches astragales,
Les pampres où se pend le faune querelleur,
Et sous les frais gazons les agiles cigales !

Je ne veux pas savoir si tes flancs arrondis
Renferment le vin pur à l'onde étincelante,
Ou bien les noirs poisons qui dorment engourdis,
Comme dans un marais la fange purulente.

Victorieuse blonde, ô fille de Scyllis,
Souveraine, déesse, ô forme triomphante,
Corps fait de pourpre vive et de neige et de lis !
Par la joie et l'amour que ton aspect enfante,

Ne crains pas que jamais mon regard indiscret
Poursuive tes pensers dans leur sombre retraite ;
Devant moi si ton cœur de lui-même s'ouvrait,
Pour ne pas regarder, je tournerais la tête !

Qu'importe ce qui vit derrière le rideau,
Quand dans ses larges plis l'or éclate et foisonne ?
N'arrachez pas encore à mes yeux leur bandeau,
Rien ne saurait valoir tout ce qu'il emprisonne.

L'idéal, c'est ta lèvre et ses joyeux carmins,
Tes regards aveuglants qu'un soleil incendie ;
La vertu, c'est ton bras si flexible et tes mains ;
La pudeur, c'est ta gorge insolente et hardie !

Épuise, s'il te plaît, toutes les voluptés ;
Fais, en levant ton front à la foudre rebelle,
Fuir au loin dans le ciel les dieux épouvantés ;
Sois Messaline, sois Locuste, mais sois belle !

Sois longtemps belle, afin que je t'aime longtemps ;
Sinon, quand la vieillesse à la dent vipérine
Aura bien racorni tes genoux tremblotants
Et creusé des sillons dans ta noble poitrine ;

Quand ton bras sera maigre, et lorsque, répandu
En longs filets, l'argent teindra ta chevelure ;
Lorsque tu marcheras comme un vaisseau perdu
Qui vogue à tous les vents sans rame et sans voilure,

A peine si ton nom me parlera de toi,
Et je te frôlerai, toi maintenant si fière,
Ainsi que le passant côtoie avec effroi
Un temple dont l'idole est tombée en poussière !

A RONSARD

Afin d'oublier cette prose
Dont notre siècle nous arrose,
Mon âme, courons au hasard
Dans le jardin où s'extasie
La vive et jeune poésie
De notre vieux maître Ronsard !

Père de la savante escrime,
Qui préside au duel de la rime,
Salut ! Nous avons soif de vers,
La Muse française engourdie
Se débat sous la maladie
Qui gangrène les pampres verts.

Tu fis passer la fraîche haleine
De ta blonde maîtresse Hélène
Dans tes Odes, comme un parfum,
Et tu jetas les pierreries
Qui constellaient tes rêveries
Avec faste aux yeux de chacun !

Que t'importaient les bruits du monde ?
Que t'importait la terre immonde,
Chantre éternellement ravi ?
Pourvu que ta mignonne rose
Allât voir sa sœur fraîche éclose,
Ton désir était assouvi.

Comme tout est changé, vieux maître !
Le rimeur ne s'ose permettre
Le moindre virelai d'amour ;
La fantaisie a dû se taire ;
Le poëte est utilitaire
De Molinchard à Visapour !

Il n'est plus de stances ailées,
Phébus marche, dans les allées
Des bois, en bonnet de coton,
Ainsi qu'un vieillard asthmatique !
Voici le règne fantastique
Du monstre roman-feuilleton.

On fait un drame au pas de course,
Dans l'intervalle de la Bourse,
Et le bourgeois qu'on porte au ciel,
Le bourgeois au nez écarlate,
Graisse la main à qui le flatte :
De l'argent, c'est l'essentiel !

Au lieu de l'extase féerique
Dont vibrait la corde lyrique,
On n'entend plus que de grands mots
Vides de sens et pleins d'enflure ;
Adieu la fine dentelure
Des vers étincelants d'émaux !

Pourvu que l'on rime en *patrie,*
En *école,* en *idolâtrie,*
Et que de l'avenir lointain
On viole le péristyle ;
Que, dans les dédales d'un style
Obscur, on trébuche incertain,

Tout est parfait! Joseph Prudhomme
Approuve avec sa canne à pomme!
Pauvre Muse! on t'a fait parler
De tout, ô triste apostasie!
Excepté de la poésie!
On t'a forcée à t'envoler!

Moi, que tout ce pathos ennuie
A l'égal de la froide pluie,
Je veux, rimeur aventureux,
Lire encor, Muse inviolée,
Quelque belle strophe étoilée
Au rhythme doux et savoureux;

Un fier sonnet, rubis, topaze,
Ciselé de même qu'un vase
De Benvenuto Cellini;
Des chansons que l'amour enivre,
Des refrains qui nous fassent vivre
Bien loin, bien loin dans l'infini!

Des vers où l'extase déborde,
Des vers où le caprice torde
Comme il veut les mètres divers;
Des vers où le poëte oublie
Tout, hormis la sainte folie:
Des vers, enfin, qui soient des vers!

Viens donc, Ronsard, maître, et me livre
Toutes les splendeurs de ton livre
Radieux comme un ostensoir ;
Dans tes bras je me réfugie,
Et veux, divine et noble orgie,
Être ivre de rimes ce soir !

PARTIE DE CAMPAGNE

Pendant que le soleil luira sur nos deux fronts,
Demain, si tu le veux, nous nous embrasserons;
Nous irons au hasard, ô petite Laurence,
En devisant gaîment, et, j'en ai l'espérance,
L'air se fera plus chaud, et les vents bienheureux
Annonceront au bois qu'il vient des amoureux.

Nous vous éveillerons, primevères tardives,
O fleurs encore à naître, ô plantes maladives
Dont le cruel hiver empêchait le retour,
Mais qu'Avril nous rendra, puisqu'il nous rend l'amour.
Viens, donnons le signal aux merles, aux linottes ;
Demain le rossignol, éparpillant ses notes,
Jettera vers le ciel son cantique éperdu,
Tout honteux qu'on ne l'ait pas encore attendu
Pour se tenir la main, pour s'enlacer la taille,
Pour baiser doucement ta gorge qui tressaille.
Viens hâter le Printemps, qui tarde à se montrer ;
Peut-être dans un coin l'allons-nous rencontrer
Et frais et souriant à ta figure ronde,
Arrondissant, pour faire à ta jeunesse blonde
Un cadre provoquant, les branches en arceaux,
Et te faisant chanter par l'onde des ruisseaux !

RONDEL

Mademoiselle Valentine
A les yeux clairs et le teint blanc;
Comme un calice étincelant,
Elle ouvre sa bouche enfantine.

Le rondeau, le sonnet galant,
Semblent croître sous sa bottine ;
Mademoiselle Valentine
A les yeux clairs et la teint blanc.

Son épaule ondule, mutine
Et pareille au flot nonchalant,
Et vous l'adorez en tremblant,
O mon cœur ! vous qu'elle piétine.
Mademoiselle Valentine
A les yeux clairs et le teint blanc !

NUIT D'ÉTÉ

A PHILOXÈNE BOYER

Nuit d'été ! Nuit d'été ! — La forêt des Ardennes
Va resplendir de feux ; des visions soudaines
Ont éclairé les pas de la Rosalinda,
Le cygne avec amour s'approche de Léda,
Et là-bas voyez-vous ces formes incertaines
Qui s'éloignent sans bruit des murs sacrés d'Athènes ?
Holà ! Démétrius ! — Lysandre ! — Me voici !

Titania la blonde et Farfadet aussi.

C'est la nuit des amours qui s'égarent en route ;

Bottom, ivre de joie et de bonheur, écoute

La reine qui lui dit : — Mon beau fils ! cher mignon !

— Obéron rit tout bas. — Au lieu d'un champignon ,

C'est un sonnet galant qui vient au pied du hêtre.

Tous ces gens sont heureux. — A l'aurore peut-être

Tout s'évanouira : Bottom désenchanté

Verra sa tête d'âne, et le père irrité

Mènera nos amants devant le duc Thésée.

Mais qu'importe ? la fleur frémit dans la rosée,

Et la nuit sera longue et bonne pour l'amour.

Donc, aimez à plein cœur, il n'est pas encor jour !

Nuit d'été ! Nuit d'été ! — La chaleur endormie

Nous guette sourdement ainsi qu'une ennemie

Qui se masque, et de loin nous décoche ses traits ;

Le soleil a brûlé la cime des forêts :

Nuit d'été ! nuit d'été ! tu pèses sur mon âme

Comme sur l'estomac un cauchemar infâme !

Cybèle a secoué ses blonds cheveux d'épis,

Et tous les vers luisants, dans la mousse tapis,

Promènent lentement leurs robes de lumière ;

La flûte a soupiré, la robuste fermière

Danse avec ses garçons, hâlés par l'air des champs !

Nuit d'été ! Nuit d'été ! — Des souffles desséchants
Ont jauni les roseaux dans la source limpide
Où venait s'abreuver le cerf au pied rapide ;
Sur l'haleine du soir passe un vol de démons,
Et l'haleine du soir embrase mes poumons !

Nuit d'été ! Nuit d'été ! — La cuve sera pleine,
Et nous pourrons rougir la face de Silène !
Ægypans et Sylvains, chantez le dieu Liber,
Le dieu fort, le dieu jeune à qui le cep est cher,
Le noble Lycœus, que la femme jalouse !

La pâquerette était morte dans la pelouse,
Elle attendait en vain la fraîcheur de la nuit.
Le temps est lourd et chaud, et la fraîcheur s'enfuit !

Nuit d'été ! Nuit d'été ! — De lumineux sillages
Illuminent le dôme assombri des feuillages,
Un immense soupir s'élève des gazons
Et monte en saluant les vastes horizons :
Plainte d'amour, chanson joyeuse d'une fée,
Par tous les rossignols du bois presque étouffée

Nuit d'été ! Nuit d'été ! — Le silence absolu,
Et la terre fumante : encor s'il avait plu !

Amour, écho du cœur! baisers, écho des lèvres!

La vierge, interrogeant le secret de ses fièvres,

Lève ses grands regards par l'extase éblouis

Vers les astres sans nombre au ciel épanouis ;

Sa chevelure blonde a des reflets d'étoiles ;

Doux avenir, sa main va déchirer tes voiles !

Un jeune homme l'a vue, un cavalier hautain,

Et sur ses traits la rose a caché le satin :

Nappes d'azur, et toi blanche lune au front pâle,

Escarboucles, rubis des cieux, neigeuse opale,

Quel est ce beau jeune homme ? Est-ce l'époux rêvé ?

Parlez-en à son cœur parmi vous soulevé.

Dans cet air dévorant, pour rafraîchir mon âme,

Si je voyais couler une larme de femme !

Non, je suis seul ; la nuit m'écrase comme un plomb !

A monter sur son char que le soleil est long !

Il vous soulage seul, angoisses infinies,

Lui seul vient terminer mes noires insomnies ;

Sur ses rayons sanglants je veux voir emporté

Jusqu'à ton souvenir, nuit d'été, nuit d'été !

POUR UNE COMÉDIENNE

Vos traits hardis; mais sans rudesse,
Semblent vous donner, à la fois,
L'air d'une jeune druidesse
Que l'on révère au fond des bois,

L'air d'une douce nonchalante
Faite à manier l'éventail,
Et laissant, de sa bouche lente,
Tomber quelques mots en détail.

Vous avez la sauvage allure
De ces filles qui, sous le ciel,
Vont dénouant leur chevelure
Que Rubens arrose de miel,

Et vous avez la grâce exquise
D'une coquette de salon,
Qui, dans sa robe de marquise,
S'emprisonne jusqu'au talon.

Les sons divins de la mandore
En vos rires ont un écho;
La joie ardente vous adore,
Marie, Impéria, Marco!

Or, en ce temps de gorges plates
Et de réalistes mesquins,
Où l'on nous fait aimer des lattes
Qui flottent dans leurs casaquins,

C'est un bonheur pour nous, Marie,
Que de vous voir, vous qui pouvez
Montrer à notre idolâtrie
Des bras aux contours achevés.

Laissez les femmes qui sont maigres
Grimper au plus haut de leur cou
Et vous suivre de leurs cris aigres
Comme une trompette d'un sou !

La beauté clémente et sereine
N'a pas de trésors inconnus :
Comme l'esclave dans l'arène,
Elle expose ses charmes nus.

En plein jour, comme dans l'alcôve,
Elle montre tout simplement
Sa jambe et sa crinière fauve,
Et son torse grec ou flamand.

Je sais bien que l'on nous objecte
Quelques mots vagues de vertu...
Qu'importe à la forme correcte,
Au profil de grâce vêtu ?

La vertu n'est souvent qu'un songe
Bien plus bref que les nuits d'été,
Marie, et tout songe est mensonge :
Votre gorge est la vérité !

CLOTILDE

Un brouillard lumineux environne son front,
Le vent qui fait trembler cette fraîche auréole,
Comme en ce mois si doux où les fleurs éclôront,
Tout chargé de parfums, dans les jardins s'envole.

Un or aérien, doux et frais et léger,
Danse dans le duvet des lèvres radieuses,
Si joyeux et si blond, comme pour corriger
Sur les traits les blancheurs de lis impérieuses.

Et, dans le parc touffu, les hautains églantiers,
Les pervenches et les vieux arbres, tout s'incline
Comme pour la fêter, lorsque par les sentiers
Vous précédez ses pas, frissons de mousseline !

Dans sa robe de gaze, on dirait la Péri
Que porte, en se jouant, le souffle de la brise ;
Pour elle les oiseaux ont un chant favori ;
Elle courbe les fleurs moins qu'elle ne les frise !

Sous toutes ces vapeurs de contours, cependant,
La robuste beauté qui fait la jeune femme
Se cache, et nous voyons les épaules ondant,
Ainsi que dans la mer monte et baisse une lame !

Et l'air qui se respire auprès d'elle est pareil
A l'air que nous rapporte Avril avec les roses,
Et, comme nous buvons les rayons du soleil,
Nous buvons les rayons de ses grâces écloses.

DISTIQUES GALANTS

J'ai de l'amour, de l'amour plein mon âme,
Moissonnez-en le meilleur, jeune femme.

Ainsi qu'un vin d'Espagne aux flots cuivrés,
Blonde Louise, ainsi vous m'enivrez !

Êtes-vous née au pays des merveilles,
Feu du matin, étoile de mes veilles ?

Je vis en vous, en votre amour perdu,
Dans votre cœur mon cœur s'est confondu.

Quelle Vénus en votre corps transmise
Revit en vous, ô ma terre promise ?

Je vous adore, et vous m'éblouissez !
Des floraisons s'ouvrent quand vous passez !

N'avez-vous pas erré sur les bruyères,
Reine, au milieu des Elfes printanières ?

A vos rayons je réchauffe mon cœur,
Et mes chansons vous exaltent en chœur !

Quel chérubin sourit dans vos sourires
Et les emplit de si charmants délires ?

L'air, en baisant votre corps velouté,
Avec les fleurs, rêve de volupté !

J'ai de l'amour, de l'amour plein mon âme,
Moissonnez-en le meilleur, jeune femme !

LA BACCHANTE APPRIVOISÉE

.

Antoinette, Nymphe athlétique,
Aux regards lumineux, au corps
Fait pour orner un temple antique,
Beauté de formes et d'accords !

O robuste fille des âges
Où les dieux vivaient parmi nous,
Au milieu des grands paysages,
Rubens eût baisé vos genoux.

Toujours votre lèvre éloquente
S'ouvre comme un fruit rouge et sain,
De même qu'au temps où, Bacchante,
Vous suiviez le cruel essaim

De ces créatures divines,
Ivres de vin et de fureur,
Qui bondissaient par les ravines
Et les forêts pleines d'horreur.

Aujourd'hui calme et nonchalante,
Loin de vos bois qui sont coupés,
Votre ongle frémissant se plante
Sur le velours des canapés.

La mâle tigresse est domptée ;
Sa voix est douce ; nous pouvons
Prendre sa main fine et gantée,
Qui connaît l'emploi des savons.

Mais, pour éclairer les alcôves,
Vos grands yeux n'en jettent pas moins
Des lueurs brûlantes et fauves
Qui font reculer les témoins.

Orphée auprès de vous s'arrête
Sans peur, et vos doigts mignonnets,
En roulant une cigarette,
Daignent chiffonner des sonnets.

Pour appareiller vers Cythère
Vous êtes bien mieux maintenant,
Toinette, et la peau de panthère
Serait un voile inconvenant.

Donc, répandez les avalanches
De vos sourires abondants,
Tamisés par les perles blanches
Que l'on nomme, je crois, vos dents.

Couvrez des plus riches étoffes
Votre corps superbe et nerveux,
Et puis servez-vous de mes strophes
Pour serrer le soir vos cheveux !

LYDIA

O mon père, sous la feuillée,
J'ai vu Lydia qui dormait;
Mon âme alors s'est éveillée
Avec l'amour qu'elle enfermait.

Mes yeux n'avaient jamais encore,
Sous le voile des vêtements,
Vu cette neige qui décore
Ses membres souples et charmants.

Que Lydia me semble belle !
Laissant flotter leur or vermeil,
Ses cheveux, dont l'onde ruisselle,
Lui font un manteau de soleil.

Sa poitrine, comme la mienne,
Ne va pas en s'aplanissant,
Et sa gorge marmoréenne
Monte, monte en s'arrondissant :

C'est comme une double colline,
C'est comme un arc aventureux
Qu'un double bouton illumine,
Rose, à la bouche savoureux :

Et, sur son ventre dur qui brille,
Satyre aimé de Pan, je vois
Encor l'ombre qui l'éparpille
Comme la mousse au pied des bois !

Lydia s'éveilla confuse ;
Moi, je m'enfuis le trouble au cœur ;
Depuis, le sommeil me refuse
Ses dons, et je tombe en langueur.

L'ATTENTE

O Cythère mélancolique,
Dont les ombrages profanés
Ont un charme que rien n'explique,
Toujours, toujours vous m'entrainez

Vers les rives de fleurs où celles
Qui portent les beaux lis aux mains,
Avec leurs yeux pleins d'étincelles,
Cherchent le calme des chemins.

Mon rêve amoureux s'extasie
Sous les arbres du grand Watteau ;
Je vois marcher ma poésie
Sur les pentes du vert coteau.

Hélas ! dans les eaux murmurantes
Les Nymphes ne se baignent plus.
On ne voit que des figurantes
Dans le décor où je me plus.

Je sais bien que ces filles vaines,
Sans grâce pure, sans douceur,
Boivent le meilleur de mes veines ;
Pourtant, Cidalise, ô ma sœur !

Beauté superbe, souveraine
Par le rhythme des mouvements,
Victorieuse dans l'arène
Des mots et des rires charmants,

Puisque parmi ce troupeau lâche
Les dieux contraires m'ont jeté,
J'y veux mourir, et, sans relâche.
En proie à leur voracité,

Sous les ongles de ces furies
Mon cœur triste et doux saignera,
Ainsi que mes lèvres flétries,
Que nul vin ne désaltéra.

Mais la vision qui m'attire
Sur mon front, dans les vastes cieux,
Pendant les douleurs du martyre,
Viendra, spectre silencieux,

Et j'irai vers cette maîtresse,
Esclave oublieux de mes fers,
Lui dire l'ennui qui m'oppresse,
Mettre à ses pieds les maux soufferts.

CHANSON

Veux-tu, mon cœur, parler de cette aimée
Qui m'enchanta pendant une saison ?
— Ah ! par un autre elle est ainsi nommée,
Chante plutôt la nouvelle chanson.

Chante plutôt la nouvelle maîtresse
Aux rires frais, aux yeux souvent baisés.
— Cette chanson est un cri de détresse,
C'est le regret de mes espoirs brisés !

— L'espoir toujours refleurit dans nos âmes.
Laisse au passé tous les baisers perdus,
D'autres encor sur les lèvres des femmes
Tiendront longtemps les désirs suspendus.

— Non, non ! je veux voir si les vieilles roses
Ont bien laissé perdre tous leurs parfums.
— Seuls les vieillards ont droit, têtes moroses,
De se cloîtrer parmi les jours défunts :

Car devant eux toute porte est fermée,
La terre manque à leur pas incertain ;
Laisse-les donc contempler la fumée
Insaisissable et vaine du matin.

Viens-t'en chercher la belle aux cheveux fauves
Dont le beau corps bondira sous tes doigts ;
Viens-t'en chercher dans les chaudes alcôves
Les mots charmants que l'on dit à mi-voix.

Mais si déjà, fuyant l'heure présente
Et les plaisirs nouveaux que je t'offrais,
Tu veux laisser ton âme languissante
Marcher en pleurs dans le champ des cyprès,

Lorsque viendra l'instant mélancolique
Où l'on se doit souvenir, tu n'auras
Plus rien de neuf sous ton regard oblique,
Plus de fantôme à qui tendre les bras !

Donc, vers l'enfant dont la bouche t'appelle
Cours à grands pas, cours et même au hasard,
Pour profiter de l'heure où l'aube est belle,
Pour mieux encor te souvenir plus tard.

— Oui, tu dis vrai, mais la chère amoureuse
De l'an passé m'attire sur ses pas,
Et je revois sa poitrine, où je creuse
Un nid profond, pour ne m'endormir pas !

A MADEMOISELLE PRIMEROSE

Bien avant les prés ta joue a des roses,
Mignonne, et je t'aime, et nous sommes deux ;
Viens, laissons dehors, sur les toits moroses,
Le vent murmurer ses chants hasardeux.

Le feu flamboyait dans la cheminée,
Si vif et si clair que nous avons cru
Revoir le soleil cette matinée,
Et que le Printemps nous est apparu.

Le ciel était bleu, sec était l'asphalte,
Et tu t'habillas pour aller au bois;
Avril à l'Hiver avait crié: — Halte!
Monsieur Babinet était aux abois.

Cela n'a duré tout au plus qu'une heure,
Et de ce Printemps qui s'est fait chez nous
Il ne reste rien que moi, qui demeure
La main dans ta main, serrant tes genoux:

Car on peut s'aimer au mois de la pluie,
Loin des gazons verts, près des matelas,
Et sur tes beaux yeux les pleurs que j'essuie
Me sont aussi doux qu'au mois des lilas!

Laissons-nous bercer par notre folie;
A présent du moins, chère, aimons-nous bien,
Car peut-être, un jour, ô mélancolie!
Nous ne serons plus l'un à l'autre rien.

Beaucoup de baisers viendront sur tes lèvres,
Pour qui seront-ils? — Je ne le sais pas.
Mais, hélas! je sais qu'auprès des orfévres
On te voit souvent ralentir le pas.

Puis il est un dieu qu'on nomme Caprice,
Qui prend pour domaine un coin de nos cœurs,
Un dieu féminin, il faut qu'il meurtrisse
Des morceaux d'amour en ses jeux moqueurs.

Ah ! ne hâtons pas la saison nouvelle !
Ce dieu, quelque jour, j'en ai grande peur,
Viendra mettre en l'air ta jeune cervelle :
Ton amour alors, à toute vapeur,

Ira vers celui qui le sollicite.
Veux-tu le connaître ? — Il en est qui l'ont
Vu parfois venir dans la réussite
Que l'on fait le soir, soit brun ou soit blond.

Viens plus près encor, viens que je t'embrasse ;
Restons en Hiver : quand viendra l'Été,
De mes longs baisers où trouver la trace
Sur ton front joyeux, si tu m'as quitté ?

Que deviendrons-nous, ma petite amie,
Lorsque nos deux cœurs seront sans parfum ?
Alors je serai de l'Académie,
Alors tu seras au bras de quelqu'un.

Je dirai : — J'aimais une qui fut blonde,
Ses yeux étaient bleus et ses sourcils noirs,
Son bras était blanc, sa gorge était ronde,
J'aimais à rester près d'elle les soirs.

Un matin l'oiseau, déployant ses ailes,
Fut porter ailleurs la joie et l'amour :
Ensuite, j'aimai d'autres demoiselles,
Et ces autres m'ont quitté tour à tour !

Quand je serai bien perdu dans mes rêves,
Quand j'évoquerai ton fantôme aimé,
Si je te revois, perle de nos Èves,
Que fera mon cœur alors ranimé ?

Que me diras-tu ? moi que te dirai-je ?
— Tu fus mon bonheur ! — Je fus ton amant,
Quand autour de nous s'amassait la neige ! —
Saurons-nous encor nos noms seulement ?

Donc aimons-nous bien à l'heure où l'on aime
Celle que l'on presse entre ses deux bras ;
Fuyons l'avenir qui s'avance, et même
Dis-moi que toujours tu m'adoreras.

Peut-être, qui sait ? — la vie est si drôle ! —
Nous aimerons-nous, en effet, toujours,
Et n'oublirons-nous jamais notre rôle,
Dans le drame à deux nommé les Amours !

PANTOUM

Par les soirs où le ciel est pur et transparent,
Que tes flots sont amers, noire mélancolie !
Mon cœur est un lutteur fatigué qui se rend,
L'image du bonheur flotte au loin avilie.

Que tes flots sont amers, noire mélancolie !
Oh ! qu'il me fait de mal ton charme pénétrant !
L'image du bonheur flotte au loin avilie,
L'espoir qui me berçait râle ainsi qu'un mourant.

Oh ! qu'il me fait de mal ton charme pénétrant,
Morne tristesse, effroi voisin de la folie !
L'espoir qui me berçait râle ainsi qu'un mourant ;
Tout en moi, hors la peine effroyable, s'oublie.

Morne tristesse, effroi voisin de la folie,
Fleuves sombres, mon œil plonge en votre courant ;
Tout en moi, hors la peine effroyable, s'oublie,
La peine, gouffre avide et toujours m'attirant !

LES ROSES ET LE VIN

A ACHILLE DUBUC

Rose trois fois sacrée, amante des pourpris
Où j'adore en tremblant le sang pur de Cypris !

O Vin ! grande liqueur où la pourpre ruisselle,
Soleil captif, magique et superbe étincelle !

Le Printemps te respire, honneur des floraisons,
Sur les hauts églantiers, dans l'ombre des gazons ;

La Bacchante me tend ses lèvres dans tes ondes,
Vin qui mets du corail parmi ses tresses blondes ;

Tu ramènes le chœur de nos jeunes espoirs,
Bercés dans les parfums de tes beaux encensoirs ;

Tu donnes le courage et la force clémente,
Et dans tes flots divins l'âme d'un dieu fermente !

Par toi le rossignol, que blesse le grand jour,
Dans les bois ténébreux s'en va mourir d'amour ;

Rouge consolateur, c'est toi qui nous apportes
Dans la coupe la joie et les croyances mortes ;

Afin de rafraîchir ses sens inapaisés,
Zéphire, le matin, te couvre de baisers ;

Les vénérables ceps, tortillés en spirales,
Laissent couler à nous tes larmes libérales ;

L'aurore, pour orner tes pétales charmants,
Transforme la rosée en mille diamants ;

Lyæus nous appelle, et les noires panthères
Communiquent l'ivresse aux antres solitaires ;

O Rose ! souveraine éclatante, le Vin
Colore ton calice adorable et divin !

Noble Vin, le cristal que ta lumière arrose
A la coquetterie exquise de la Rose !

Mariez vos parfums, mariez vos couleurs,
Rose et Vin qui domptez les cruelles douleurs ;

Unissez-vous toujours, chantez l'épithalame,
O feuilles ! flots pourprés ! de la forme et de l'âme !

CONFESSION

Je n'avais pas encor de barbe dans ce temps,
Et j'emplissais les airs de rires éclatants ;
De blondes visions florissaient dans mon âme,
Et je rêvais d'amour à vos genoux, Madame ;
Mais vous n'en saviez rien, et moi-même ?.. J'avais
Le cœur à vos côtés tout joyeux ; je rêvais,
Mais sans but, animé d'une extase sereine.
Le page Chérubin que berce sa marraine

Et qui dit sa romance en fermant ses beaux yeux
Me paraissait alors un grand audacieux.

Vous aimais-je? A présent que votre voix m'enivre,
Que votre seul aspect m'enchante et me fait vivre,
O Madame, je n'ose encore le penser.

Non, ce n'est pas à vous que pouvaient s'adresser
Ces aspirations étranges, ces vertiges
Sans fin, illusions, miraculeux prestiges,
Orages précurseurs des orages du soir !

Non ! j'aimais à venir auprès de vous m'asseoir,
Sans me dire pourquoi, sans le pouvoir comprendre ;
A voir vos longs regards tout étoilés répandre
D'humides diamants où brillaient des clartés ;
A sentir doucement tous mes sens agités,
Quand votre voix chantait, pure comme les brises
Qui baisent, en jouant, la fleur et l'onde éprises !
Mais ce n'était pas vous qu'en vous-même j'aimais.

Comment dire ceci? Ce n'était pas vous, mais
Vous étiez une femme, et ma future amante
Vivait dans votre corps, adorable et charmante !
Oui, pensais-je, elle aura, celle que j'aimerai,
Le front par ces regards limpides éclairé,
Cette lèvre d'enfant où la rose sommeille,
Cette gorge lactée à la neige pareille,
Cette taille semblable au serpent engourdi
Qui se ranime et joue alors que vient midi,
Et surtout, et surtout cette crinière blonde,
Nid de parfums où l'or étincelant abonde !

Vous me parliez alors, et, comme dans l'encens,
Mes rêves s'élevaient bercés par vos accents ;
Presque mort et noyé d'ineffables ivresses,
Je sentais sur mon front d'invisibles caresses,
Et mon âme, que rien ne pouvait contenir,
Te savourait d'avance, amoureux avenir !

Tel l'arbre dont la nuit a rafraîchi la sève
Accueille avec bonheur le soleil qui se lève,
Sans penser que bientôt ses feuilles se tordront
Sous des feux dévorants, que l'écorce du tronc
S'écartera brûlée et qu'il restera sombre,
Désolé, sans verdure éclatante et sans ombre,
Ainsi je saluais cette aube de l'Amour
Qui se levait en vous, sans songer à ce jour
De sanglots effrayants et d'angoisses amères
Que vous deviez m'offrir, ô pâles victimaires !
Euménides du cœur, amantes qui deviez
Faire pleurer pour moi les douloureux claviers !

Où donc est-il ce temps de candeur et d'aurore ?...

Enfin, après trois ans, je vous revois encore,
Madame, et je comprends les souffrances qui font
Plonger dans l'infini votre regard profond.

O ma sœur en amour ! nos deux âmes blessées
L'une à l'autre pourront confier leurs pensées ;
De notre long manteau de douleur recouverts,
Aimons-nous, aimons-nous, pour tous les maux soufferts.

Aujourd'hui je comprends, ô femme jeune et douce ,
Ce qui vous fait sourire et ce qui vous courrouce,
Je sais pourquoi je viens auprès de vous, pourquoi
Je vous vois frissonner souvent auprès de moi ;
Pourquoi vous retirez votre main de la mienne,
Et pourquoi, comme aux jours de l'ignorance ancienne,
Je ne puis regarder, sans en être ébloui,
Votre beau front pareil au lis épanoui.
O ma terre promise ! aujourd'hui ce que j'aime
En vous, ce ne sont plus des ombres, mais vous-même ;
Le passé dans mon cœur est tout enseveli ;
J'ai courbé sous l'amour mon front déjà pâli ;
Je connais le néant de la première flamme ;
Je sais ce que je fais : — je vous aime, Madame !

Aimons-nous, aimons-nous, et ne songeons à rien ;
Aimons-nous maintenant, et les dieux pourront bien,
Au gré de leur caprice et de leur fantaisie,
A nos cœurs altérés arracher l'ambroisie,
Nous séparer encor : qu'importe ? N'eussions-nous
Respiré qu'un instant les parfums purs et doux

De la coupe céleste où fermente l'extase,
Cet instant suffira pour épuiser le vase,
Pour embaumer longtemps nos souvenirs, et pour
Nous faire au moins bénir toute une heure l'Amour !

Madame, je vous parle, et c'est de la folie ;
Sans doute vous allez me repousser ; j'oublie
Que vous m'avez aimé comme on aime un enfant,
Et qu'un tel souvenir, peut-être, vous défend
A présent cet amour que de vous je réclame :
L'amour impérieux et qui ravage l'âme.
Mais pourtant cet enfant vous aime et n'a plus rien
De ses désirs confus, et vous le savez bien,
Puisque vous refusez vos lèvres à mes lèvres
Et que vous rougissez, et que les mêmes fièvres
Nous brûlent ; que toujours nos rêves hasardeux,
Ainsi que deux ramiers épris, vont deux à deux ;
Que mon regard se voile, et que tu t'es pâmée
L'autre jour dans mes bras, ô chère bien-aimée !

L'IMPASSIBLE

A CHARLES BAUDELAIRE

Je suis belle, ô vivants ! comme un rêve de pierre.
(LES FLEURS DU MAL.)

Je suis la courtisane aux majestés cruelles !
Ce n'est pas moi qui vais offrir dans les ruelles
Mes appas que recouvre un chiffon de velours ;
A l'immobilité, calme, je m'habitue ;
Mes yeux, comme les yeux mornes d'une statue,
    Ont des regards pesants et lourds !

Je trône sur les cœurs, moi dont le cœur est vide ;
L'écheveau de mes jours lentement se dévide,
Et je ne veux savoir rien, jamais rien, sinon
Qu'on ne peut égaler ma beauté sidérale,
Et qu'avec mes cheveux, blonde et fauve spirale,
    J'embraserais le Parthénon !

Ce qui soulève seul ma gorge régulière,
C'est l'air que je respire, et comme on voit le lierre
Couvrir le marbre froid de ses plis tortueux,
Sans que je fasse rien, la pourpre éblouissante
Se drape, d'elle-même, heureuse et frémissante,
    Près de mon corps voluptueux.

Regardez, ivre d'or, tomber ma chevelure
Aux parfums énervants sur ma riche encolure ;
Je ne daigne rien voir avec mes yeux divins,
Qui, sous mes noirs sourcils, ont un éclat farouche,
Et même les baisers ne froissent pas ma bouche,
    Qu'arrose la rougeur des vins.

Pour activer en vous l'aiguillon qui fustige
Les désirs effrénés et donne le vertige,
Je n'ai parlé jamais, jamais je n'ai chanté,
Comme la Pandémie, une ode provoquante,
Car tes cris, tes fureurs pâlissent, ô Bacchante !
    Devant la muette Beauté !

Mais, pour dompter les sens, j'ai l'étrange mystère
De la ligne et du rhythme égal que rien n'altère ;
J'ai mes deux bras croisés qui s'ouvrent quand je veux
Étreindre l'idéal sur ma poitrine ferme ;
J'ai mon buste que nul corset hideux n'enferme,
      La lumière de mes cheveux !

L'orgueil anime seul mes traits inaltérables,
Mais ils n'ont pas compris, mes amants misérables,
Ces grandes voluptés et leur charme vainqueur !
Ils m'ont voulu donner leurs ridicules fièvres ;
Toujours inassouvis et penchés sur mes lèvres,
      Ils ont questionné mon cœur !

Insensés ! croyez-moi, jamais vos plaintes vaines
Ne hâteront le cours du sang pur dans mes veines ;
Je ne pleurerai pas : je ne veux pas souffrir ;
Je veux toujours rester belle, mais insensible,
Et regarder toujours de mon air impassible
      Ce que le destin vient m'offrir.

Puisqu'ils ne savent pas les terribles ivresses
Que peuvent enfanter mes inertes caresses,
Puisqu'ils ne savent pas ce que les Océans
Ont d'orage dans leurs sérénités divines,
Qu'il leur faut les sanglots babillards des ravines
      Au lieu des flots aux bonds géants,

Qu'ils aillent loin de moi, ces lâches! oh! qu'ils aillent
Se faire déchirer par celles qui les raillent ;
Que toujours, que toujours leur front soit souffleté
Par les femmes sans nom qui vivent d'impostures,
Qui portent mon cœur vide, et, fausses créatures,
    N'en ont pas la sonorité !

Alors, pour remplacer et mes formes hautaines,
Et ma démarche grave, apprise dans Athènes,
Ils créeront la beauté nouvelle; ils aimeront
Des filles qui, du moins, auront cela pour elles,
Qu'elles sauront cacher leurs membres laids et grêles
    Sous les robes qui les suivront.

Puis ils inventeront cette grâce féline,
Qui ne peut exister qu'avec la mousseline ;
Ils aimeront l'étoffe où se perd le contour,
Le suave contour que l'harmonie arrête;
Oui, mais ils pourront voir grincer la bouche prête
    Aux mensonges de chaque jour!

Moi cependant, gardant ma sévère attitude,
Dans mon isolement et dans ma solitude,
Je resterai sans cesse avec mon fier dédain,
Avec mes bras croisés, avec ma hanche lisse,
Avec mon front que rien n'assombrit et ne plisse,
    Comme un marbre dans un jardin.

Sous les plus chauds baisers mes chairs resteront froides,
Et rien ne fléchira mes contenances roides ;
Mes bras seront de neige et ma crinière d'or ;
Rien jamais ne fondra cette glace indomptée :
O mortels ! le sculpteur anima Galathée

    Lorsque les Dieux vivaient encor !

L'INSOUCIEUSE

Non, l'amour qui se tait n'est qu'une rêverie,
Le silence est la mort, et l'amour est la vie ;
Et c'est un vieux mensonge à plaisir inventé
Que de croire à l'amour hors de la volupté !

(ALFRED DE MUSSET.)

O sœur du camélia,
            Julia,
Viens sourire à nos poëmes,
Toi qui vas, oiseau charmant,
            Si gaîment,
Parmi les vertes Bohêmes !

O charmeresse aux yeux clairs
  Pleins d'éclairs,
O jeune victorieuse,
Nous trouvons plus doux les sons
  Des chansons
Nés sur ta lèvre rieuse.

Dans tes veines court un sang
  Frémissant,
Séve d'amour et de joie,
Et ton rire triomphant,
  Blanche enfant,
En notes d'or se déploie.

Comme le soleil d'Été
  Ta gaîté
Folle et vive s'éparpille,
Et chaque jour nous croyons
  Aux rayons
Quand tu viens, petite fille.

Toujours les lis aimeront
  Ton beau front,
Et les odes amoureuses,
Fidèles jusqu'au trépas,
  Sur tes pas
S'épanouiront heureuses.

Tes seins polis et vermeils
Sont pareils
Aux fruits au temps des vendanges ;
L'encens aime tes cheveux ;
Si tu veux,
Bulbul dira tes louanges.

Tes dents au fruit défendu
Ont mordu ;
Mais, ô Nymphe vagabonde !
Qu'importe ? tu nous guéris
Quand tu ris,
Comme Ève ta mère blonde.

Nous sommes, à tes côtés,
Transportés
Dans le pays peu sévère
Où la jeunesse toujours
Aux amours
Se livre, en levant son verre.

Là, parmi les floraisons,
Nos raisons
S'égarent. — Les yeux humides,
Tu conduis en mon chemin
Par la main
Le chœur des blanches Armides.

O souvenir du Printemps,
    Bien longtemps
Nous garderons ta mémoire,
Et les Cupidons vainqueurs
    Dans nos cœurs
Graveront ta belle histoire :

Car ton nom, ô Julia !
    S'allia
A ces instants éphémères
Où, buvant le vin clairet
    D'un seul trait
Avec les liqueurs amères,

Nous disions à pleine voix,
    A la fois,
Les grands refrains de l'aurore,
Les bonheurs du temps présent
    Florissant...
Mais souris, souris encore !

Souris pour éterniser
    Le baiser ;
Laisse-nous voir ta figure
De roses et de satin,
    Cher lutin
Qui portes le bon augure !

Tu rends à nos jours défunts
    Leurs parfums
Et leur ardente folie ;
Reine des clairs horizons,
    Nous disons :
— Arrière mélancolie

Et vous tristesse des soirs,
    Chagrins noirs !
Célèbre, voix frémissante,
Les cieux, les monts, les accords
    Des beaux corps
Et la rose adolescente,

O Vénus ! puisque voici
    Près d'ici
Julia l'enfant choisie,
Qui nous apporte en riant
    L'Orient,
Le Rêve et la Poésie !

FIAT VOLUNTAS TUA

Maître de la terre et du ciel,
Démon pétri de boue, ange immatériel,
Amour aux mains pleines de fiel,

Je n'ai pas résisté quand ta voix souveraine
M'a crié : — Descends dans l'arène,
Lutteur que je verrai mourir l'âme sereine !

Aux foudres mon front s'est offert ;
Il a fallu saigner, et mon flanc s'est ouvert ;
Tu m'as dit : — Souffre ! — et j'ai souffert !

Quand l'odeur de mon sang dilatait ta narine
Et lorsqu'au fond de ma poitrine
Tes ongles ravissaient leur couleur purpurine,

O Dieu qui remplis les forêts
Et les vastes cités d'insondables secrets,
Amour puissant, je t'adorais !

Mes yeux s'éblouissaient des splendeurs de ta gloire ;
En vain tu me forçais à boire
L'amertume, partout je disais ta victoire.

Eh bien ! inexorable Amour !
Vois mon cœur, il en reste assez encore pour
Le bec du farouche vautour.

Que ton souffle, pareil au grand vent qui balaie
L'espace, ravive ma plaie ;
Viens ! puisque tu le veux, me voilà sur la claie !

Ainsi que la première fois
Ce n'est plus un enfant confiant que tu vois ;
Je te connais ! Pourtant, ma voix

Ne blasphémera pas, ô le plus beau des anges !
Même en proie aux douleurs étranges,
Et toujours, et bien haut, je dirai tes louanges !

Le retour de tes javelots,
Je le veux célébrer en épandant les flots
De mes harmonieux sanglots !

Déjà j'ai chancelé sous ta nouvelle atteinte,
Je sais où ta pourpre fut teinte,
Seigneur, c'est dans mon sang ! Et mon oreille tinte,

Et, comme un cortége de loups,
J'entends, j'entends hurler tous les soupçons jaloux ;
J'ouvre les mains, plantez les clous !

Bourreau divin, auguste oppresseur de mon âme,
Oh! maintiens-moi sur l'arbre infâme,
Car je me suis repris aux parfums de la femme !

Car l'enchanteresse Circé
Pose d'un air vainqueur, sur mon front abaissé,
Son pied par les roses froissé !

Et je sais que jamais, idole puérile,
Fille vaine, terrain stérile,
Elle ne comprendra ma passion fébrile !

Ah ! pourquoi la vouloir toucher ?
Mais la vague, pourquoi vient-elle donc lécher
Inutilement le rocher ?

Pourquoi la pluie au sable et la rosée aux pierres,
Et pourquoi les clartés altières
Vont-elles de l'aveugle arroser les paupières ?

Eh ! que vous dirai-je, après tout ?
J'aime et je ne sais rien de plus ; et mon sang bout,
Et je pends mes lèvres au bout

Des seins aigus et lourds de la folle chimère,
Et, comme il plait au victimaire,
J'épuise le nectar ou la liqueur amère !

Je me sens attiré vers un fatal miroir,
Un miroir grimaçant, qui me laisse entrevoir
Les voluptés du désespoir !

Blâmez donc l'Océan pendant les jours d'orage
De sa fureur et de sa rage !
Est-ce ma faute, à moi, si je suis sans courage

Devant la grandeur de la chair ?
Si le charme des corps de femmes, doux et fier,
Me passionne et m'est si cher ?

Chevelures en flamme, ô cols souples et lisses,
Lèvres, adorables calices,
Je souffre avec bonheur, je meurs avec délices !

Que l'Amour me soit inclément,
Qu'il fasse de ma vie un éternel tourment,
Je veux aimer obstinément ;

Ramper à deux genoux devant la bien-aimée,
Et, quand sa jupe parfumée
S'arrondit, me sentir l'âme demi-pâmée ;

Goûter, sans en être étonné,
Le vertige ; rouler vers l'abîme entraîné,
Et par les fleurs assassiné !

Sur ses lèvres, mon ciel promis et ma géhenne,
Sentir s'envoler mon haleine,
En mêlant âprement la tendresse et la haine

LA JOIE.

A JEAN DU BOYS

Robuste, les seins hardiment
Arrondis en pleine lumière,
Une déesse jeune et fière
Dresse vers le clair firmament
Sa belle tête printanière.

Lumineuse et pareille au feu,
Sa chevelure se déploie
Sur ses épaules, qu'elle noie,
Et dans son regard calme et bleu
Le ciel se mire. — C'est la Joie !

Non celle qui du haut des monts,
Naïade farouche et sanglante,
Nous vient dans l'onde étincelante
Des vins pourprés que nous aimons,
Toute ivre, à demi chancelante ;

Non celle qui nous suit auprès
De la pâle et chère maîtresse
Qui laisse dénouer sa tresse
Sous l'ombre des noires forêts,
Avec des larmes de tendresse !

Non pas cet ange fugitif
Dont le vol parfois nous apporte
Une illusion jadis morte,
Mais celle qui naît sans motif
Comme une fleur sauvage et forte ;

La Joie aux éclatants reflets
Amante des gaîtés hardies,
Qui s'en va par les comédies,
Et fit entendre à Rabelais
Son rire plein de mélodies !

L'amazone qui court pieds nus
Par les prés refleuris qu'inonde
La clarté, folle et vagabonde,
Cherchant des sentiers inconnus,
Versant le rire sur le monde.

La voyez-vous, ô jeunes gens !
La voyez-vous, au chant des lyres,
Elle préside à nos délires !
Ouvrez-vous, ô cœurs diligents,
C'est Notre-Dame-des-Sourires !

Envolez-vous du nid, chansons
A la rime sonore et pleine !
La Joie est ivre dans la plaine,
Et nos lèvres, quand nous passons,
Boivent les fleurs de son haleine

Qu'importent, flaneurs indolents !
Les soucis graves et moroses
Et les tristesses et les choses
Qui nous font marcher à pas lents !
Allons voir éclore les roses.

Un jour que tout était soleil,
— Ah ! déjà dans mon cœur se creuse
Comme une fosse ténébreuse ! —
Un jour à celui-ci pareil,
J'ai rencontré mon amoureuse !

LA COURSE

A AUGUSTE VACQUERIE

Une course effrénée, horrible, sans repos,
Vertigineuse et folle, épouvantable, entraîne
Les âpres passions comme de noirs troupeaux ;
La flamme, sous le choc de leurs sabots, s'égrène.

Cavales que jamais ne réprima le frein,
Elles vont, elles vont, furieuses, ardentes,
Brûlant et dévorant l'immobile terrain,
Soufflant par les naseaux des brumes abondantes.

Ainsi que Mazeppa, sur leurs croupes de fer
L'homme râle emporté, ne se sentant plus vivre ;
Les vents sifflent, pareils à des rires d'enfer,
Et la douleur arrive à ce point qu'elle enivre !

J'appartiens à jamais au farouche Idéal
De la Beauté physique et de l'Amour sans bornes,
Et je vais, sur le monstre au vol lourd et brutal,
A travers les Édens et les horizons mornes.

Je sais bien que la mort est au bout du chemin,
Qu'il me faudra cracher mes poumons, que l'espace
S'écroule, que je n'ai bientôt plus rien d'humain,
Et que l'herbe se fane aux endroits où je passe.

Mais qu'importe ? je vais, et toujours dans ma chair
Chaque lien imprime une rouge morsure ;
Qu'importe ? laissez-moi, mon supplice m'est cher,
J'aime à sentir le froid aigu de la blessure !

La cavale bondit, et plaines, monts et bois,
Lacs énormes, grands cieux, étoiles, avalanches,
Ténèbres et clartés, défilent à la fois ;
Les arbres effrayés se voilent de leurs branches.

Tout se confond ! Je vais, brisant en des baisers
Mes lèvres sur le corps houleux d'une maîtresse,
Criant et délirant, les traits décomposés,
Et mourant sous la main dont l'ongle me caresse !

Le monstre va plus vite ! — O nuages lointains ;
Abîmes, océans, ô vagues en démence,
Vous fuyez devant moi, terribles, incertains ;
Mon regard s'obscurcit dans une nuit immense.

Parfois, dans ma terreur, il me semble sentir
L'aiguillon empressé qui mord et qui torture,
Je crie, et dans les airs ma voix va s'engloutir:
Plus vite ! encor plus vite ! oh ! la lâche monture !

Ses flancs fument noyés dans un épais brouillard ;
Elle veut respirer, et sa tête contemple,
Pleine d'un sombre effroi, cet horizon fuyard
Sans cesse plus épais, plus sinistre et plus ample.

O femme ! quand ta gorge, où perle la sueur,
Semble demander grâce, et quand tes yeux, où nage
Un enfer, sont pâlis et n'ont plus de lueur,
Je sens croître l'Amour et la Haine sauvage !

En route ! Cette course est effrayante ! Il faut
Que la cavale, enfin, sur le sol abattue,
Dût-elle m'écraser, tombe avec un sanglot,
Il faut que je l'épuise ou bien qu'elle me tue !

Et la course reprend ! — Les astres en ont peur ; —
Les halliers, les buissons, les chênes centenaires,
Ne font autour de nous qu'une grande vapeur,
Et nous n'entendons plus les éclats des tonnerres !

Cette course, ô Chimère au regard altéré !
Cette course parmi les monts et les broussailles,
S'arrêtera le jour où je t'enfoncerai
Mes éperons sanglants jusqu'au fond des entrailles !

REPOS

..... Les plus doux instants pour deux amants heureux,
Ce sont les entretiens d'une nuit d'insomnie,
Pendant l'enivrement qui succède au plaisir.
(ALFRED DE MUSSET.)

Oui, ton corps qui palpite entre mes bras, ta bouche,
Rose sanglante où j'ai dégusté des poisons,
Dont les charmes puissants rendent le cœur farouche,
Ta crinière pareille aux ardentes toisons

Qui font courir du feu sur les épaules nues
Des déesses ; tes yeux mourant de volupté,
Creux et sombres, brûlés de flammes inconnues,
Et qui semblent un ciel par les dieux déserté ;

Tout cela, c'est à moi, fille à la belle croupe,
Tigresse dont j'ai pu compter les râlements !
A moi, comme le vin qui brille dans la coupe,
Et dont j'épuiserai l'or et les diamants.

Je l'ai comme l'on a toute chose qu'on paie,
Je suis maître et seigneur de cette noble chair
Qui s'est vendue à moi pour un peu de monnaie,
En me disant : Je t'aime ! — un soir neigeux d'hiver.

Mais comme je sais bien, sous la vaine grimace
De cet amour menteur et contrefait, trouver
La haine qui grandit furieuse et s'amasse
Dans ton sein, que parfois l'horreur fait soulever !

Tu crois que je n'ai pas, lorsque sur ta poitrine
Tes baisers m'écrasaient et que nous confondions
Nos sens dans une extase effrayante et divine,
Senti monter à moi tes malédictions !

Oh ! comme tu souffrais en cachant cet orage,
Dont les bouillonnements faisaient rompre ton cœur,
Moi, je buvais les pleurs savoureux de ta rage,
Et je te caressais comme un cruel vainqueur !

Comme un cruel vainqueur qu'une furie anime,
Et qui fouette, en hurlant de plaisir, le troupeau
Des captifs, comme un chat dont la patte s'escrime
A flatter en trainant ses ongles dans la peau.

Et lorsque, succombant au lourd sommeil, ma tête
Verra fuir la couleur confuse et le dessin
Des objets, il faudra que ta gorge soit prête
A faire à l'ennemie un moelleux coussin.

Car, tu ne le sais pas, esclave méprisée,
Je me venge sur toi des maux que j'ai soufferts
Quand celle que j'aimais, faisant une risée
De l'amour, se donna pour des bijoux offerts.

Comme toi, maintenant, la vile créature
Se tord sous les baisers d'un acheteur qui vient
Donner à son désir cette riche pâture
D'un corps que tout le monde en le payant obtient.

Voilà pourquoi je veux, vivante marchandise,
Epier le secret de tes mornes ennuis,
Et je veux que ton cœur exaspéré me dise
Les horribles dégoûts des amoureuses nuits !

Ne crois pas qu'en fermant tes yeux maudits, tu puisses
Saisir, pour un instant, le vague souvenir
De ce temps où, marchant à travers les délices,
Comme un immense amour tu voyais l'avenir.

Non ! les jours ne sont plus où, de voluptés ivre,
Le bel adolescent te serrait dans ses bras
En disant : — Si tu veux, ô toi qui me fais vivre !
O mon âme ! une étoile à tes pieds, tu l'auras !

Et sa voix implorait les suaves caresses
Qu'un maître impérieux te réclame aujourd'hui.
A peine s'il osait toucher les blondes tresses
Que ton amant du jour fait rouler devant lui.

Ce n'est plus l'amoureux des premières années,
Dont les regards voilés de pleurs disaient les vœux ;
Les roses d'autrefois sont à présent fanées ;
Il priait doucement, et moi je dis : Je veux !

Allons, maîtresse ! allons, dis-moi : Je t'aime ! et sache
Que je te hais ! mon âme est pleine de mépris ;
Tu me fais honte ; allons ! fille de joie, attache
Tes deux bras frissonnants à mon col, et souris !

Souris, pour que je voie à quel degré la femme
Pousse la lâcheté; souris! que mon dédain
Puisse, enfin, largement s'échapper de mon âme
Comme un trait acéré qu'on retire du sein !

Car je veux te cracher ma rancœur à la face,
Anéantir le rêve où parfois tu te plus,
Et surtout insulter, sur ton corps qui se glace,
Cet Amour méprisable auquel je ne crois plus !

CIRCÉ

A ALPHONSE DE LAUNAY

Circé pâle et farouche, à vous, magicienne,
A vous mon âme, à vous mes chansons, car toujours,
Ravivant le foyer de ma douleur ancienne,
Vous creusez sous mes pas un abîme où je cours.

J'y cours avec bonheur, car sur vos noirs rivages
Les rosiers idéals se mêlent aux cyprès,
Préparez sans remords les funestes breuvages,
Et donnez-moi vos mains que je les baise après.

De vos seins chauds et lourds s'élancent par bouffées
Des parfums pénétrants, âcres et singuliers,
Dans la vapeur de qui, follement attifées,
Dansent les visions de mes jours oubliés.

Je hume largement l'adorable démence
Qui m'enchante et me fait bienheureux pour longtemps;
L'horizon s'élargit, vaste, écarlate, immense,
Et je marche au milieu de rêves éclatants :

Cauchemars d'opium, merveilles de féeries,
Oiseaux dont le plumage a l'éclat du soleil,
Chants d'amour ruisselant des lèvres attendries,
Lumières d'un été qui n'a pas son pareil !

Si je pouvais conter toutes ces épouvantes,
Tous ces ravissements énervants et succincts
Que j'éprouve en suivant les cadences savantes
Dont le rhythme inflexible anime vos beaux seins !

Ce poëme sanglant des voluptés perfides,
Où chante la sirène aux regards aiguisés,
Où passe, dans un vol, la ronde des sylphides,
Où bondissent les flots effrénés des baisers...

Mais vous le défendez, reine de mes délires,
Vous ne le voulez pas, Circé pleine d'orgueil,
Vous dites de se taire aux cordes de nos lyres,
Et vous nous glacez tous de peur par un coup d'œil,

Que redoutez-vous donc, sinistre enchanteresse?
Quelle révolte enfin craignez-vous, dites-moi?
De ma vaine raison n'êtes vous pas maîtresse?
Ne me tenez vous pas captif sous votre loi?

Craignez-vous que je n'aille au-devant de la foule
Lui crier : — Ne viens pas dans cet endroit fatal;
Vois ma blessure en feu par où mon sang s'écoule;
Vois mon cœur sur lequel se pose un pied brutal! —

Non ! ivre que je suis du vin de la folie,
Pour ne pas effrayer les timides passants,
Je mettrais du carmin sur ma lèvre pâlie,
J'adoucirais pour eux mes sauvages accents.

Mais je prendrais mon cœur meurtri, mon cœur qui saigne,
Et je l'enfilerais, pareil à ceux qu'on voit
Galamment transpercés et peints sur une enseigne,
Avec ces mots : — Ici l'on mange, ici l'on boit !

J'en ferais un hochet bien ciselé pour celle
Dont la superbe épaule a le balancement,
Sous l'ardeur des cheveux où la flamme ruisselle,
Du ballon que les airs bercent nonchalamment !

Un hochet pour les mains magnifiques et pures
De l'enfant radieuse et blanche, de l'enfant
Dont les tout petits doigts aux roses découpures
Tiennent la clé des cieux, qu'un chérubin défend.

Et quand j'aurais bien dit les angoisses amères
Et les soucis aigus aux serres de vautour,
Épris de la grandeur terrible des chimères,
J'irais lécher les pieds du beau chasseur Amour ;

M'humilier devant son regard qui m'attire,
Vous dire : — Emplissez-moi la coupe où j'ai laissé
Mon âme ; prolongez sans cesse mon martyre,
Sans pitié, sans égards, ô puissante Circé !

LES BOHÉMIENS

A CAMILLE DOUCET

Vous dont les rêves sont les miens,
Vers quelle terre plus clémente,
Par la pluie et par la tourmente,
Marchez-vous, doux Bohémiens?

Hélas! dans vos froides prunelles
Où donc le rayon de soleil?
Qui vous chantera le réveil
Des espérances éternelles?

Le pas grave, le front courbé,
A travers la grande nature
Allez, ô rois de l'aventure,
Votre diadème est tombé !

Pour vous, jusqu'à la source claire
Que Juillet tarira demain,
Jusqu'à la mousse du chemin,
Tout se montre plein de colère.

On ne voit plus sur les coteaux,
Au milieu des vignes fleuries,
Se dérouler les draperies
Lumineuses de vos manteaux !

L'ennui profond, l'ennui sans bornes,
Vous guide, ô mes frères errants !
Et les cieux les plus transparents
Semblent sur vous devenir mornes.

Quelquefois, par les tendres soirs,
Lorsque la nuit paisible tombe,
Vous voyez sortir de la tombe
Les spectres vains de vos espoirs.

Et la Bohème poétique,
Par qui nous nous émerveillons,
Avec ses radieux haillons
Surgit, vivante et fantastique.

Et, dans un rapide galop,
Vous voyez tournoyer la ronde
Du peuple noblement immonde
Que nous légua le grand Callot.

Ainsi, dans ma noire tristesse,
Je revois, joyeux et charmants,
Passer tous les enivrements
De qui mon âme fut l'hôtesse :

Les poëmes inachevés,
Les chansons aux rimes hautaines,
Les haltes aux bords des fontaines,
Les chants et les bonheurs rêvés.

Tout prend une voix et m'invite
A recommencer le chemin,
Tout me paraît tendre la main...
Mais la vision passe vite.

Et, par les temps mauvais ou bons,
Je reprends, sans nulle pensée,
Ma route, la tête baissée,
Pareil à mes chers vagabonds !

L'ISOLÉ

A ÉMILE MONTÉGUT

Comme un satrape lourd, sur sa natte immobile,
Regarde vaguement tout passer près de lui,
Compagnon de mon corps et de ma chair débile,
O mon cœur ! tu te plais dans un superbe ennui.

Ne daignant pas mourir et ne voulant plus vivre,
Contemple les lutteurs sans décerner de prix ;
Savoure, quand bien même elles te rendraient ivre,
Les grandes voluptés qui naissent du mépris !

En vain, éparpillant l'or de leurs tresses blondes,
Les filles du plaisir font bondir en dansant
L'éclatante blancheur de leurs mamelles rondes,
Et tordent leurs bras nus dans un air frémissant.

Qu'importe? tu sais bien que ces filles sans âme
Singent d'une façon absurde l'impudeur,
Et ne sauront jamais couvrir le vice infâme
D'un effrayant manteau d'audace et de grandeur.

Quel jour ont-elles su porter leurs fronts profanes
Ainsi qu'il conviendrait aux Phrynés, fièrement ?
Ah ! c'est pitié de voir ces fausses courtisanes
Qui n'osent épuiser les veines d'un amant !

Ce n'était pas ainsi, fougueuse Messaline
Que tu serrais un homme entre tes bras divins !
Tu ne te faisais pas petite et pateline,
Et tu buvais le sang dans la pourpre des vins !

Alors qu'anéanti par tes âpres caresses,
Ton amant s'éteignait, pâli sous la douleur,
Fatiguée et pourtant avide encore d'ivresses,
Tu pressais longuement ses lèvres sans chaleur !

Laquelle maintenant des lâches hétaïres
Qui se font voir au bois aux bras de nos boursiers
Oserait, sans trembler, songer à ces délires
Qui laissaient pour longtemps les corps suppliciés !

Nulle part la vertu, nulle part la débauche ;
Rien n'est beau, rien n'est grand, rien enfin n'est complet :
Dans un terme milieu, vague, stupide et gauche,
Le monde abâtardi se roule et se complaît.

Les femmes ont traîné dans les vieux vaudevilles
Leurs jupons soulevés sans amour ! O dieux bons !
Vous le voyez, toujours au fond des choses viles,
Du haut de nos fumiers infects, nous retombons.

O mon cœur ! ô mon cœur ! tu connais cette angoisse
Interminable et lente et qu'on ne peut tromper :
Faut-il que chaque jour qui se lève l'accroisse,
Et sans cesse l'ennui devra-t-il nous saper ?

Recommenceras-tu la très niaise histoire
De l'angélique amour dont on rêve à seize ans :
Vin incolore et fade, et qu'on ne saurait boire
Sans noyer de langueur ses organes puissants.

Ah ! chanter sous les cieux avec un ingénue
Dont rien encor n'a fait soulever le corset,
Et baiser avec soin, le long de l'avenue,
Les feuilles que sa robe en ondoyant froissait;

Violenter un cœur de glace pour lui faire
Exhaler un aveu qu'emportera le vent,
C'est bon lorsque sourit l'aube, quand l'atmosphère
Se teint de rose et d'or sous le soleil levant.

Mais, quand le fier Amour à la vaste poitrine,
Le dieu fort, irrité, le tyran furieux,
Sous son doigt menaçant, devant qui tout s'incline,
A courbé vers le sol notre front sérieux ;

Quand les désirs sans frein sur leur aile sublime
Ont emporté notre âme aux champs de l'infini,
Qui, sans être saisi de démence et sans crime,
Sur les bords du Lignon reconstruirait un nid?

Il faut jusques au bout soutenir son grand rôle ;
Hercule ne doit pas languir près d'un rouet ;
Aux pieds de Marguerite assis, Faust n'est qu'un drôle
Qu'on devrait corriger et châtier du fouet.

Mais sois calme, ô mon cœur ! ne crains pas qu'on surprenne
Ton orgueil, sur qui rien ne doit jamais régner
Qu'une noble lionne aux allures de reine :
Lorsque je t'ouvrirai, ce sera pour saigner ;

Lorsque j'aurai trouvé la griffe impérieuse
Que le destin forma pour mordre et déchirer,
Et qui marche à son but, rouge et victorieuse,
Et même en nous tuant nous force à l'adorer !

Jusque-là, jusque-là, dans ton indifférence,
Inaltérable et grave, ô mon cœur ! reste encor,
Respire les parfums cruels de la souffrance :
Le temps n'est pas venu de prendre ton essor.

Sache faire un bonheur de l'amère tristesse,
Dont les pleurs comprimés te brûlent lentement,
Accueille la douleur comme une vieille hôtesse,
Donne-lui la moitié de ton isolement.

Ne crains pas d'enfoncer les pointes du cilice,
Et de sentir leurs dents te labourer la chair.
O martyr glorieux, prolonge ton supplice,
Les vautours s'abattront sur toi du haut de l'air.

Mais t'endurciras dans ces luttes viriles,
Et l'atroce Chimère, arrachant ses cheveux,
Verra ses efforts vains, ses attaques stériles,
Et de rage tordra ses flancs durs et nerveux.

Le fer s'émoussera sur ton écorce rude;
Ainsi qu'un vieux rocher, effroi des matelots,
Tu ne comprendras plus, blasé par l'habitude,
Les plaintes de la mer ni la voix des sanglots.

Et les bourreaux, lassés, auront peur de leur proie,
Et peut-être qu'un jour, de tant de maux soufferts,
Tu verras naître enfin la rayonnante Joie;
Des fleurs croîtront pour toi dans le sein des hivers.

Tu souriras, alors que de jeunes victimes
Lèveront vers le ciel leurs bras désespérés,
Ayant déjà gravi les plus altières cimes,
Ayant vu jusqu'au fond des enfers ignorés !

Alors, ô cœur sauvage ! aucune chasseresse
N'osera pénétrer dans ton antre béant,
Et tu pourras attendre ainsi, dans cette ivresse,
Le jour si désiré de l'éternel Néant !

LES ANTRES MALSAINS

A CHARLES BATAILLE

Sans craindre que le vent nauséabond altère,
Muse, avec tes rosiers la neige de tes seins,
Tu peux, fille robuste à la parole austère,
Pénétrer avec moi dans les Antres malsains

Dans les gouffres du rire et des pleurs lamentables,
Des haillons que le vin a rougis tristement,
Où, harassé d'ennui, les coudes sur les tables,
Se vautre le bétail de l'abrutissement.

Là jamais le soleil n'entre que par les fentes
Des sinistres volets où l'ivrogne a heurté;
Ici l'on connaît bien tes chaleurs étouffantes,
Mais non pas tes rayons divins, joyeux Eté !

C'est là que le vieillard vient aux heures nocturnes
De son désir mourant secouer la torpeur,
Et demander tout bas aux filles taciturnes
Les effrayants baisers dont les amants ont peur.

C'est là que le jeune homme, avide de connaître
Le plaisir qui l'appelle avec un air moqueur,
S'en vient assassiner, à tout jamais peut-être !
L'idéal florissant qu'il porte dans son cœur.

C'est là que, las enfin d'une longue détresse,
Celui que l'amertume abreuve de ses flots
Vient une fois de plus mépriser sa maîtresse
Et tâche d'apaiser le bruit de ses sanglots.

Puis, ô honte! c'est là que vient cet homme étrange
Que la prostituée adore, et dont la voix
Rauque et brutale apporte au sein de cette fange
Comme un ressouvenir des amours d'autrefois.

C'est l'infecte maison où l'effroi se promène,
L'auberge dont l'enseigne est un gros numéro,
Le taudis qui s'entr'ouvre une fois par semaine,
Quand, muet et fermé, passe le tombereau.

Et pourtant ce n'est pas le repaire propice
Au vol tout aussi bien qu'à la lubricité,
Le bouge dont l'entrée a l'air d'un précipice
Et qu'on retrouve encore au fond de la Cité;

Et ce n'est pas l'hôtel aux courtines de soie
Où le vice insolent a de riches habits,
Et met, sans trop d'efforts, le masque de la joie
Sur son front, aux clartés du gaz et des rubis;

Où, parfois, au milieu des ivresses funèbres,
De lui-même surpris, un léger madrigal,
Comme un oiseau du jour noyé dans les ténèbres,
Se heurte étrangement en son vol inégal!

Non! c'est une maison d'apparence bourgeoise,
Elégamment risible en son bon goût mesquin,
Pavillon sur les bords de la Seine ou de l'Oise,
Villa d'un bon rentier, cottage américain.

Et pourtant, en passant tout auprès, on frissonne,
La femme avec dégoût semble hâter le pas,
Et l'homme, sur le seuil, regarde si personne,
Quand il entre en ce lieu, ne l'apercevra pas!

II

La figure de blanc et de carmin plaquée,
La Matrone est assise au centre du comptoir :
Bourgeoise comme aux jours de fête requinquée,
Elle agaçait, jadis, l'asphalte du trottoir.

Mais certes, à présent, rien en elle n'indique
La fille au regard prompt en quête d'un galant,
Et même c'est avec une grâce pudique
Que le sourire naît sur sa lèvre en parlant.

Nulle méchanceté ne luit en sa prunelle,
Et, tout en consultant les chiffres d'un carnet,
Elle suit, d'un œil plein de bonté maternelle,
Le troupeau dispersé parmi l'estaminet.

Oh ! l'effroyable ennui qui pèse sur ces têtes,
Qui courbe tous ces corps sur le pâle velours
De la banquette usée ! On croirait voir des bêtes
Tant leurs yeux sont éteints, tant leurs membres sont lourds

Et pourtant, ô douleur ! quelques-unes sont belles
De la fraîche beauté qu'enfantent les vingt ans ;
Elles pourraient se joindre aux folles ribambelles
Dont s'émaillent les prés aux heures du printemps !

Elles pourraient jeter librement dans l'espace
Leur chanson, leur bonnet et leurs bras en collier
Au col de leur amant, sans qu'une main rapace
De leur caprice heureux les osât spolier !

L'une, enfant qui s'endort aux bras de la débauche,
Apprend de sa voisine un refrain crapuleux
Qu'ensuite elle s'en va chanter, timide et gauche,
Auprès d'un militaire, en fermant ses yeux bleus.

Une autre se renverse, irritante et lascive,
Détirant dans les airs ses bras dévergondés,
Sur les genoux d'un homme à face répulsive
Qui baise ses cheveux fortement pommadés.

Par les âpres travaux.de la veille meurtrie,
La troisième, en ronflant, laisse par soubresauts
Sa tête côtoyer son épaule flétrie,
Dont l'antique satin a perdu des morceaux.

Comme une bête fauve entraîne sa capture,
L'autre emmène un jeune homme, imberbe aux traits rougis,
Puis injurie, avec une obscène posture,
Le stupide garçon qui sert en ce logis;

Tandis qu'une Allemande écoute avec ivresse
Un jeune cabotin, en scène sans rival,
Qui lui parle à genoux d'amour et de tendresse
Et cherche à retrouver les mots d'Armand Duval!

III

Cependant, au milieu de la salle enfumée,
Se pavane une fille aux énormes appas,
Dans un calme idiot nonchalamment pâmée,
Ecarquillant les yeux et ne regardant pas.

Sur son front, hérissés, lourds et pleins d'insolence,
A peine par le peigne en chignon réunis,
S'étendent, dans leur gloire et dans leur opulence,
Ses ardents cheveux roux par les parfums brunis!

Son col majestueux ondule sous leurs ombres
Au chant clair des pendants d'oreilles en métal,
Et ses rudes sourcils, mystérieux et sombres,
Forment un angle aigu provoquant et brutal.

Sa voix avec effort entre ses lèvres gronde,
Fétidement mêlée à l'odeur de l'alcool,
Et sa vaste poitrine, aventureuse et ronde,
Flotte comme un ballon qui va prendre son vol !

Son bras, qui dans le vide au hasard se ballotte,
Merveille de blancheur et de force, est orné
De ces mots au poinçon gravés : PIERRE et LOLOTTE,
Et d'un cœur d'un foyer éternel couronné.

Piliers éblouissants, ses jambes, que dérobe
La jupe en ce moment baissée, ont la couleur
Du marbre le plus pur, et, soulevant la robe,
Ses hanches ont un charme étrange et querelleur.

Cette lasciveté de formes se reflète
Dans son ajustement bizarre et singulier,
Dans les vains oripeaux qui forment sa toilette,
Dans le petit ruban qui couvre son soulier.

Sa jupe extravagante à fond lilas est faite
De volants étourdis l'un sur l'autre grimpant,
Et, sur le côté gauche, une énorme bouffette,
A moitié décousue, à la ceinture pend.

Sa gorge, qui tressaille, agite par saccades
La chemisette lâche et blanche, dont les plis,
Laissant l'épaule nue, arrivent en cascades
Baigner languissamment ses beaux reins assouplis,

Regardez-la marcher : c'est la Brute impassible,
La machine d'amour inerte en sa lourdeur,
Le mannequin de chair à la chair insensible,
Qui ne sait pas rougir et n'a pas d'impudeur !

C'est l'instrument passif. Non ! cette créature
N'a jamais été femme, ah ! jamais un instant !
Elle ne connaît rien, ni bonheur, ni torture,
Son oreille ne sait jamais ce qu'elle entend.

Après avoir quitté la maison de son père,
Quand elle abandonna l'homme qui la battait,
Et qu'elle mit le pied dans l'immonde repaire,
Elle sentit vraiment alors qu'elle existait.

Il semble qu'à la voir on soit pris d'épouvante
Et que l'on doive fuir au plus vite ; mais non !
Mais non, il faut rester ! charmeresse savante,
Elle se rive à nous par un secret chaînon.

D'où te vient, dis-le moi, cet effroyable empire,
Froide magicienne, ô louve ! Près de toi,
L'âcre poison se mêle à l'air que je respire,
Et l'excès du bonheur me conduit à l'effroi.

Réponds, masse de chair ! pourquoi ma lèvre a-t-elle
Ces longs frémissements quand tu viens m'embrasser ?
A ton insanité la passion m'attelle,
Et je crois, dans tes bras, que je vais trépasser !

C'est que, Brute, tu sais flairer en moi la Brute,
Et, lorsque dans tes yeux alanguis et méchants
Mon regard inquiet s'aventure et les scrute,
Il rencontre un miroir aux reflets alléchants !

C'est que dans ta beauté sans grâce je démêle
L'irrésistible attrait qui ravit tous mes sens ;
Et, comme un animal qui trouve sa femelle,
Du haut de mon orgueil à tes pieds je descends !

IV

Il fait nuit. Mots confus, romances ordurières,
Se croisent sous le toit du logis ténébreux,
Et, tombant de sommeil, les pâles ouvrières
Se mettent au labeur qui leur rend les yeux creux.

O louche volupté, c'est ton heure ! Perdue
Dans les flots parfumés de ses grands cheveux blonds,
Laurette ouvre à demi sa paupière éperdue
Et compte les instants qui lui semblent bien longs,

Où donc est cette époque où, joyeuse et frivole,
Elle écoutait jaser les oiseaux tapageurs ?
Oh ! comme le temps court ! comme le temps s'envole !
Les roses lui donnaient leurs charmantes rougeurs.

Le merle saluait sa figure divine,
Et Laurette apprenait au merle des chansons ;
Elle courait pieds nus au fond de la ravine
Et souriait aux nids cachés dans les buissons.

Fraîche idylle ! Un matin, Laure s'en est allée ;
Mais son amant avait la voix tendre et disait
Des mots si langoureux qu'elle, toute affolée,
Sentait son pauvre cœur sauter dans son corset.

Et, ce beau rêve aidant, son cœur tressaille encore,
Elle ouvre ses deux bras, mais un manant épais
Auprès d'elle couché grogne : — Laide pécore,
J'ai besoin de dormir ; laisse-moi donc la paix !

V

Oh ! l'aurore du ciel, la lumière abondante,
Les arbres agitant leurs panaches fleuris,
Et la sève de Mai qui réjouit, ardente,
Les champs las·de l'hiver, les cœurs las de Paris !

Viens les chercher, Mignonne. Il est sous les feuillages
Un cabaret charmant, près de Ville-d'Avray ;
Une vigne s'enlace au bois vert des treillages :
Là de ton doux regard souvent je m'enivrai.

O ma belle, ô ma blonde ! une gaîté céleste
S'épanouit en l'air et brille sur nos fronts !
Passe ton bras au mien et lève ton pied leste,
Et de l'amour épars nous nous abreuverons !

Viens ! nos baisers joyeux, échangés sans contrainte,
Retentiront longtemps, libres, roses, ailés,
Dans une interminable et ravissante étreinte,
Où les âmes, les sens, les cœurs, seront mêlés !

O songe disparu ! Je n'ai plus d'amoureuse,
Je n'ai plus de maîtresse et je bâille d'ennui !
Un souvenir amer, qu'incessamment je creuse,
Seul me dit quelquefois que le soleil a lui ;

Et, les sens tourmentés d'une fièvre charnelle,
Je me suis dirigé vers la triste maison
Où veille, nonchalante et morne sentinelle,
Celle dont les baisers me seront un poison !

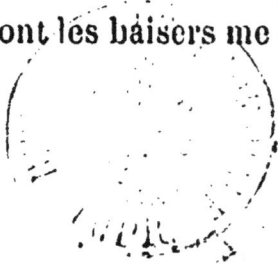

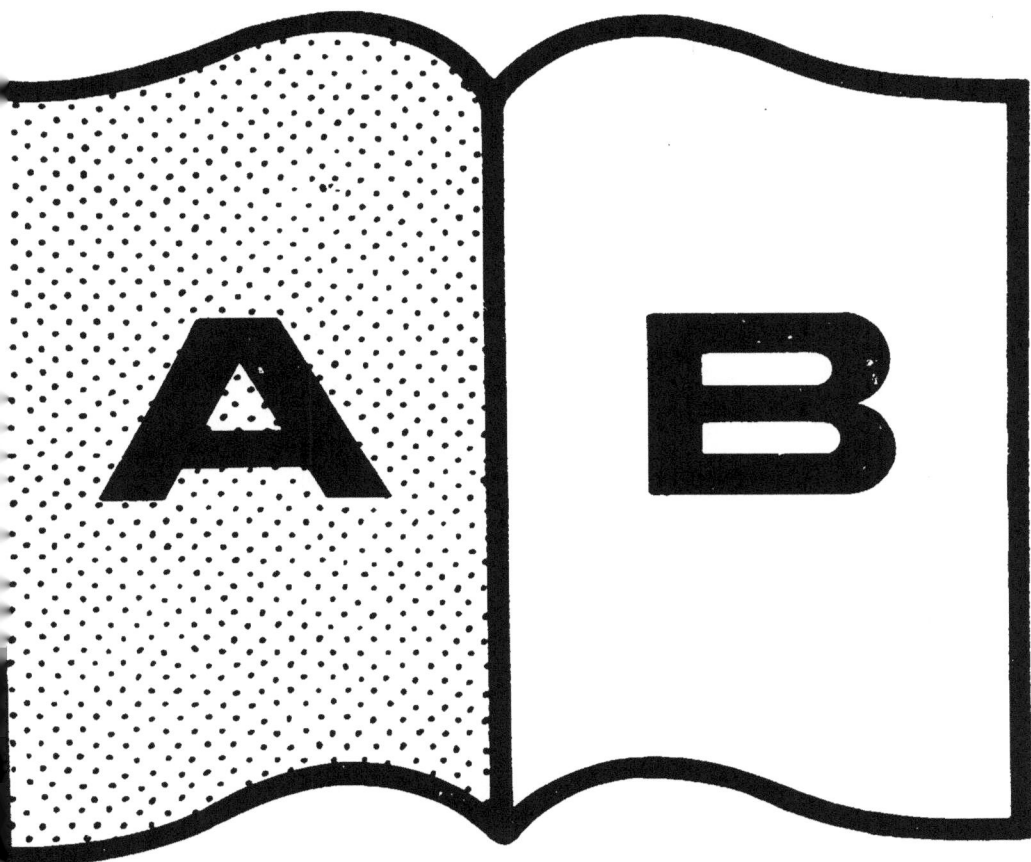

Contraste insuffisant

NF Z 43-120-14

www.ingramcontent.com/pod-product-compliance
Lightning Source LLC
Chambersburg PA
CBHW072036090426

42733CB00032B/1828